妙趣的科学实验

诺琳实验室（提高版）

诺琳童书 编著

江西美术出版社
JIANGXI FINE ARTS PUBLISHING HOUSE

图书在版编目（CIP）数据

妙趣的科学实验：诺琳实验室：提高版 / 诺琳童
书编. -- 南昌：江西美术出版社，2018.1（2020.1重印）
　ISBN 978-7-5480-5683-6

　Ⅰ．①妙… Ⅱ．①诺… Ⅲ．①科学实验－小学－课外
读物 Ⅳ．① G624.63

　中国版本图书馆 CIP 数据核字（2017）第 242481 号

出 品 人：**周建森**
策　　划：唐君婕
责任编辑：刘　滟　彭　珍
责任印刷：汪剑菁
编　　著：诺琳童书
出　　版：江西美术出版社
地　　址：南昌市子安路 66 号江美大夏
网　　址：www.jxfinearts.com
电子邮箱：jxms@jxfinearts.com
邮　　编：330025
电　　话：0791-86566132
经　　销：全国新华书店
印　　刷：永清县晔盛亚胶印有限公司
版　　次：2018 年 1 月第 1 版
印　　次：2020 年 1 月第 2 次印刷
开　　本：787mm×1092mm　　1/16
印　　张：5
书　　号：ISBN 978-7-5480-5683-6
定　　价：22.00 元

目录

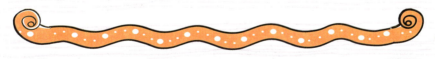

关于电学和磁学的实验

关于力的实验

关于水的实验

水往高处走

你需要准备的材料：

水
蜡烛
盆子
玻璃杯

实验开始：

1. 将蜡烛粘到盆底，盆里装上适量的水。

2. 点燃蜡烛，等火慢慢变旺。

3. 用玻璃杯罩住蜡烛，看看会发生什么现象？

想一想：水为什么会往高处走？水上升的高度跟火的大小有没有关系？跟玻璃杯的大小有没有关系呢？

原理：由于蜡烛燃烧消耗了杯内的氧气，杯内的气体体积变小，气压降低，外部气压将水压入杯中，所以"水往高处走"。

会出汗的树叶

你需要准备的材料:

水
玻璃瓶
橡皮泥
带叶的枝条
透明的塑胶袋

实验开始:

1. 将玻璃瓶装上水，再用橡皮泥将玻璃瓶口封住。

2. 将带叶的枝条插入水中，用透明的塑胶袋包住植物的枝条，在玻璃瓶口下方打结，注意包扎得严严实实。

3. 一两个小时后，观察塑胶袋中有什么？

想一想：塑胶袋为什么会"大汗淋漓"？这些"汗水"是哪里来的？如果多放几条枝条，"汗水"会不会更多？

原理：塑胶袋的水分是由植物叶片蒸发出来的。

水中点灯

你需要准备的材料：

水
蜡烛
盆子

实验开始：

1. 将蜡烛粘在盆底，倒入适量的水。

2. 点燃蜡烛，耐心观察，蜡烛是否能燃烧到水面以下？

想一想：为什么蜡烛在水面下仍能燃烧？

原理：因为水能吸热，熔化的蜡与水接触后会迅速凝固，形成一个保护圈，阻止了水进入蜡蕊，所以才可以水中点灯。

会唱歌的水

你需要准备的材料：

水
金属棒
7 个大小一样的玻璃杯

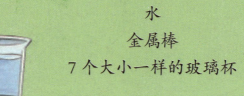

实验开始：

1. 将玻璃杯排成一排，在每个玻璃杯中倒入不等量的水。

2. 用金属棒轻轻敲击每个杯子的边缘，仔细听每个杯子发出的声音，它们都一样吗？

想一想：为什么每个杯子的声音不一样？

原理：敲击杯子的边缘，杯子震动，发出声音。水越少，杯子振动的频率就越高。

冷热两墨水

你需要准备的材料：

热水
冷水
墨水
滴管
两个玻璃杯

实验开始：

1. 将两个杯子分别倒入热水和冷水。

2. 在每个杯子里滴一滴墨水，观察热水和冷水哪个与墨水融合得更快？

想一想：为什么热水比冷水融得更快呢？

原理：热水的水分子运动速度比冷水快。热水的水分子能较快地跑到墨水中去，与墨水融合。

水去哪了？

你需要准备的材料：

水
两个大小一样的瓶子
（一个有盖子，一个没有）

实验开始：

1. 往两个瓶子里倒入相等量的水。

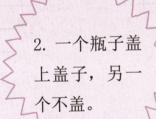

2. 一个瓶子盖上盖子，另一个不盖。

3. 将瓶子放到阳光充足的地方。几天后，两瓶水有什么变化吗？

想一想：为什么会这样？水跑到哪里去了？

原理：水受热后分子运动会加速，没有盖子的那瓶水中的一部分水分子以水蒸气的形式散发到空气中。这种现象称为"蒸发"。

谁更快?

你需要准备的材料:

水
两个杯子
泥土
两个温度计

实验开始:

1. 两个杯子分别装上泥土和水，并测好泥土和水的温度。

2. 将两个杯子放到阳光充足的地方，每隔一段时间测量它们的温度。

25℃

23℃

想一想：泥土和水哪个温度上升得更快？为什么会这样呢？

原理：水的比热比泥土大，泥土的比热小，所以泥土的温度上升得更快一些。

冰沉油"海"

你需要准备的材料：

水
食油
两个小冰块
两个玻璃杯

实验开始：

1. 将水和食油分别倒入两个玻璃杯中。

2. 两个冰块，一个放进装水的玻璃杯里，一个放进装油的玻璃杯里。

想一想：为什么冰块会浮在水面上，却沉入油里？把冰块放进其他液体里会有怎样的结果呢？

原理：冰的密度比水小，所以冰块浮在水面上。但是冰的密度比油大，所以会下沉。

钓 "鱼"

你需要准备的材料：

冰块
食盐
小碗
棉线

实验开始：

1. 将冰块放入碗中，把棉线的一端放在冰块上。

2. 在周围撒上一些盐。几分钟后，试着能将冰块钓起来了吗？

想一想：为什么过了几分钟冰块不会融，反而能将棉线粘住？是因为盐吗？如果撒上糖也会这样吗？

原理：往冰块上撒盐，冰块会有一部分融化掉。但过了一会，由于冰块温度过低，化开的水会再次结冰，就将棉线冻了起来，所以冰块能被钓起来。

讨厌肥皂的碎纸片

你需要准备的材料：

盆
水
肥皂
碎纸片

实验开始：

1. 在盆中倒入水，将碎纸片撒入水中。

2. 然后把肥皂插在盆中间。

想一想：为什么碎纸片都漂到盆壁附近去了？

原理：水的表面张力被肥皂破坏，所以水面漂浮的碎纸片也浮向了一边。

请给我一杯空气

你需要准备的材料：

水
玻璃水槽
两个玻璃杯

实验开始：

1. 将一个玻璃杯垂直倒扣在水槽里，不要让空气跑出来。

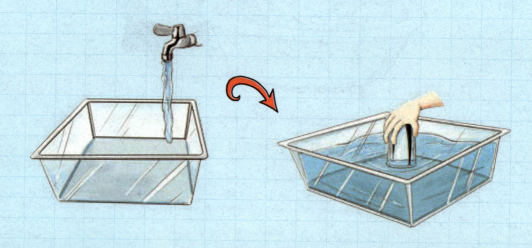

2. 将另一个玻璃杯装满水倒扣在水槽里，把空杯子稍微倾斜，对准装满水的杯子，会发生什么情况？

想一想：为什么空气跑到另一个杯子里去了？

原理：空气是流动的。

会攀登的水

你需要准备的材料：

两个小桶
水
一根水管

实验开始：

1. 将一个桶装满水，放在桌上，另一个放在地上。

2. 把水管的一端放入装有水的桶中，对着另一端使劲吸几口气，然后迅速将水管放入空桶中。

想一想：水怎么会自己流向空桶?

原理： 由于水管里的空气被吸走，管子里变成真空，没有了压力，作用在水表面的空气压力没有变，这个压力就把水压进了水管里。

吹气变色

你需要准备的材料：

水
吸管
两个玻璃杯
生石灰

实验开始：

1. 将生石灰和水倒入一个玻璃杯中，搅拌均匀后，等它沉淀。

2. 几分钟后，将石灰水上面的无色透明液体倒入另一个杯中，把吸管插入第二个杯中，吹气。你会看到水变浑浊了。

3. 如果继续吹，水会变成怎样呢？

想一想：为什么水一会儿清一会儿浊？

原理：人类呼出的气体是二氧化碳，石灰水遇到二氧化碳气体发生反应生成碳酸钙。而碳酸钙是一些不溶于水的小颗粒，它们悬浮在水中，所以水是乳白色。继续往杯子里吹气，是二氧化碳与碳酸钙发生反应生成碳酸氢钙，于是水又变清了。

口渴的萝卜

你需要准备的材料：

两块萝卜条
水
盐
两个碗

实验开始：

1. 将两个碗装入同等量的水，把盐撒入一个碗中，搅拌均匀。

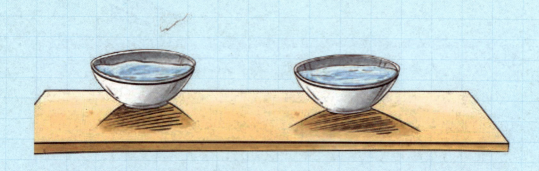

2. 将两块萝卜条分别放入清水和盐水中。

3. 一小时过后，从碗中取出萝卜条，你会发现盐水中的萝卜条变软了，而清水中的还是硬的。

想一想：为什么会这样？

原理： 当外面的液体浓度比萝卜内的浓度高时，萝卜中的水分就会往外渗，相反则会吸收一定的水分。

水搬家

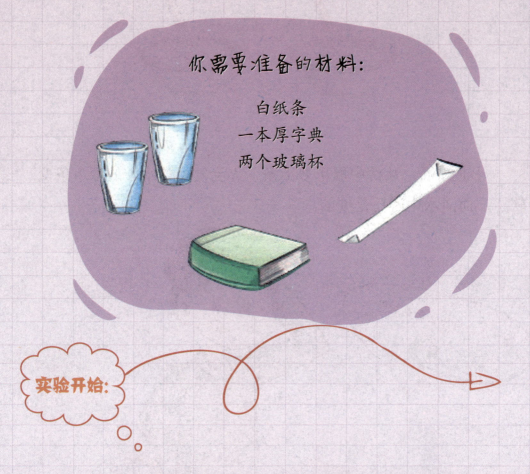

你需要准备的材料：

白纸条
一本厚字典
两个玻璃杯

实验开始：

1. 在一个玻璃杯里装上三分之二的水，把杯子放在字典上，将白纸条的一端放入水中，另一端放入空杯子里。

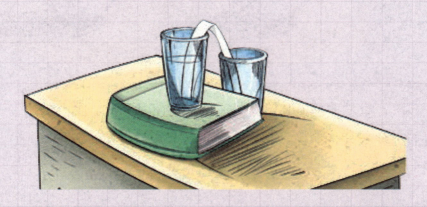

2. 第二天去看，你会发现装满水的杯子怎么空了？

原理：因为毛细现象在起作用，水通过纸条中的细孔渗到另外一个杯子里了。

不怕水的纸

你需要准备的材料：

水
白纸
玻璃杯
盆子

实验开始：

1. 将白纸揉成一团，塞进玻璃杯里。

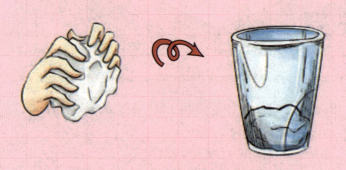

2. 在盆子里装上三分之二的水，将玻璃杯垂直倒扣进水盆。

3. 几分钟后，将纸从杯子里拿出来。

想一想：纸怎么没有湿?

原理：因为杯子里不只有纸，还有空气。杯子垂直倒扣进水盆，杯子里的空气将水排除在外，所以纸不会被水浸湿。

喝水的玻璃杯

你需要准备的材料：

盐
玻璃杯
盘子
若干冰块
温水
蓝色墨水
盆子

盐

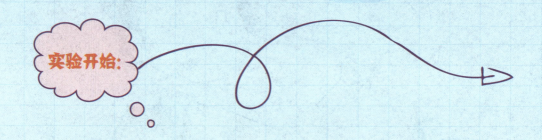

1. 将玻璃杯放入盆中，倒入温水，覆盖整个玻璃杯。

2. 把两块冰块放在盘子上，往冰块上撒一些盐，将蓝色墨水滴在冰块上，再滴少量水。

3. 当冰块完全融化为蓝色的冰水后，将玻璃杯从盆中取出，倒扣在盘子中间。

想一想：水为什么自动跑到杯子里去了？

原理：由于温水的浸泡，玻璃杯表面的温度升高。当倒扣在冰水上，热胀冷缩，蓝色的冰水随着空气一起进入杯中。

铁钉防锈法

你需要准备的材料：

油
砂纸
三枚铁钉
冷水
热水
三个空玻璃杯

实验开始:

1. 用砂纸打磨生锈的铁钉，除去锈和它原本镀的防锈层。

2. 在玻璃杯 A、B 中加冷水，在 C 杯中加热水和几滴油。

3. 在第一枚铁钉上涂一层油，放入 A 杯；第二枚铁钉直接放入 B 杯里；第三枚铁钉放入 C 杯。几天后，只有 B 杯里的铁钉生锈了。

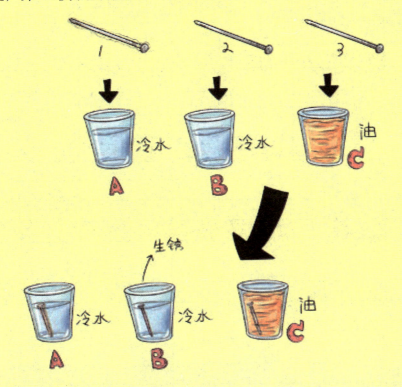

原理：A 杯里的铁钉已经被油层隔绝了，接触不到空气中的氧气，所以不具备马上氧化生锈的条件；铁钉在 B 杯里完全符合了氧化反应的条件，所以很快就生锈了；C 杯中，热水的含氧量本来就比较低，再加上水面上的油膜防止氧化，所以里面的铁钉是三个之中最不易生锈的。

关于力的实验

坚固的鸡蛋壳

你需要准备的材料：

三本书
两个鸡蛋

实验开始：

1. 将鸡蛋从中间分成两半，把四个蛋壳倒扣在桌上。
2. 试试看要放多少本书才能将蛋壳压碎。

想一想：鸡蛋壳怎么变得这么硬了？

原理：外部的压力被鸡蛋壳均匀地分摊了。

纸桥

你需要准备的材料：

纸
文具盒
两本字典

1. 把纸架在两本字典上，搭起一座桥。

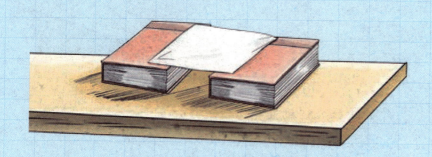

2. 文具盒放在纸中间，桥塌了。

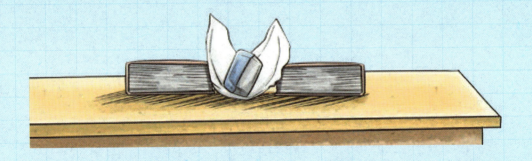

3. 将纸折成波浪状，放到字典上。重新将文具盒放上去，桥纹丝不动。

想一想：同样一张纸，为什么会有不同效果？

原理：纸经过折叠后，压力会分散到多个褶皱处，比平面的纸更具承受力。

甩干机

你需要准备的材料：

方巾
四根细绳
两个塑料漏筐

实验开始：

1. 将方巾浸水后直接放入漏筐中。

2. 把另一个漏筐盖上，并用细绳将两个筐紧绑在一起。

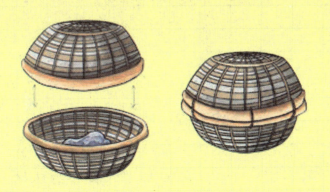

3. 在空旷的地方，握紧绳子快速旋转，几分钟后，拿出方巾，你会发现方巾干了一些。

想一想：方巾中的水是被甩出去了吗？

原理：旋转产生的离心力将水甩出去了，家里的洗衣机也是同等原理。

蜡烛跷跷板

你需要准备的材料：

蜡烛
大号缝衣针
两个玻璃杯

实验开始：

1. 将蜡烛底端的蜡刮掉，露出烛芯，用大号缝衣针从蜡烛的横面中间穿过去。

2. 露出的针头和针尾架在两个玻璃杯边缘，点燃蜡烛，跷跷板完成。

想一想：如果只燃烧一端会出现什么情况呢？

原理：两根蜡烛可以保持平衡状态，当一端的蜡液落下，该端变轻，重心马上转移到另一端，如此反复，就变成了跷跷板。

苹果落杯

你需要准备的材料：

苹果
火柴盒
硬纸片
茶杯

实验开始：

1. 将硬纸片、火柴盒、苹果
依次按顺序叠放在茶杯上，
再迅速抽出硬纸片。

2. 火柴盒随之滑出，而苹果却落入杯中。

想一想：你知道这是为什么吗？

原理：因为物体的惯性，在不受外力的作用情况下，是永远不会改变的。火柴盒分量太轻，而苹果分量重，惯性大，所以自然落入杯中。

筷子的神力

你需要准备的材料：

大米
筷子
一次性杯子

实验开始：

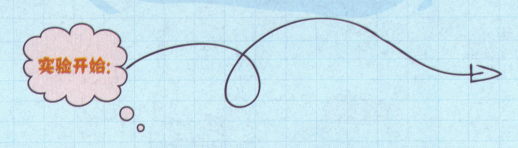

1. 将一次性杯子装满大米，用手将大米按紧实。

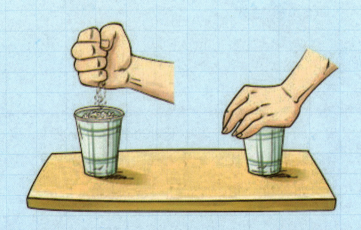

2. 筷子插入大米中间，将筷子提起来，你会看到杯子也一起被提起来了。

想一想：将筷子换成铅笔可以吗？

原理： 米粒将杯内空气全部挤压出去，杯外压力大于杯内，使筷子和米粒之间紧紧地结合在一起。

瓶子赛跑

你需要准备的材料：

水
沙子
长方形木板
三本字典
两个矿泉水瓶子

实验开始：

1. 两个瓶子分别装满水和沙子，拧紧瓶盖。

2. 将木板和字典搭成一个斜坡，让两个瓶子同时滚下去，装水的瓶子比装沙子的瓶子更快到达终点。

想一想：如果将沙子换成石头呢？

原理：沙子对瓶子内壁的摩擦比水对瓶子的摩擦大，而且沙子之间也还会产生摩擦。摩擦会阻碍速度。

逃脱地球吸引力

你需要准备的材料：

一小碟绿豆
一杯水
广口瓶
三张纸巾

实验开始：

1. 按广口瓶瓶底大小裁剪纸巾。

2. 将裁剪好的纸巾打湿后放进瓶内，平铺在瓶底，将绿豆放在纸巾上，保持瓶内湿润，等它发芽。

3. 当种子发出新芽，新芽长出瓶口时，将广口瓶打横放。几天后，你会发现幼芽改变方向，向上生长了。

想一想：如果再转变一下广口瓶，幼芽的生长方向还会变吗？

原理：因为食物的茎叶要朝着有阳光的方向生长。

切不断的纸

你需要准备的材料：

刀
土豆
纸

实验开始：

1. 将纸对折把刀刃包起来。

2. 然后用刀切土豆。

想一想：为什么土豆被切开，而纸却完好无损？

原理：因为刀锋把压力通过纸传给了土豆，而土豆的质地比纸的纤维软，所以土豆被切开，而纸却完好无损。

爬升的扭蛋

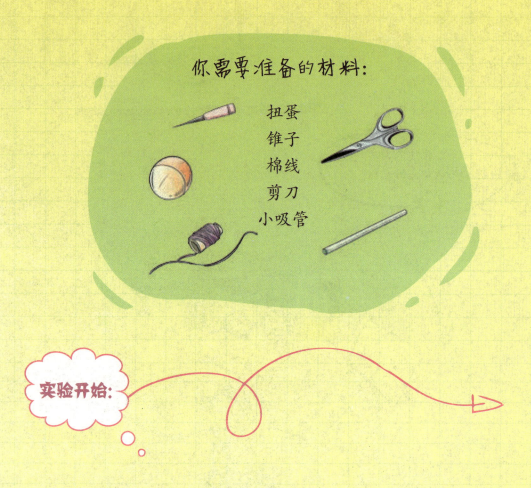

你需要准备的材料：

扭蛋
锥子
棉线
剪刀
小吸管

实验开始：

1. 拧开扭蛋，用锥子在上下各戳两个孔。

2. 将棉线从壳内部向外穿过上下各两个孔，拧紧扭蛋。将棉线两个的末端穿过吸管打结固定。

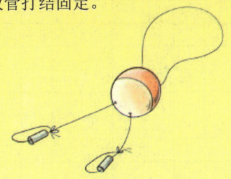

3. 将绳子挂在定点，分别握住下方的两条线，呈八字型，两手一左一右轮流向下拉动，扭蛋就会慢慢往上爬升。

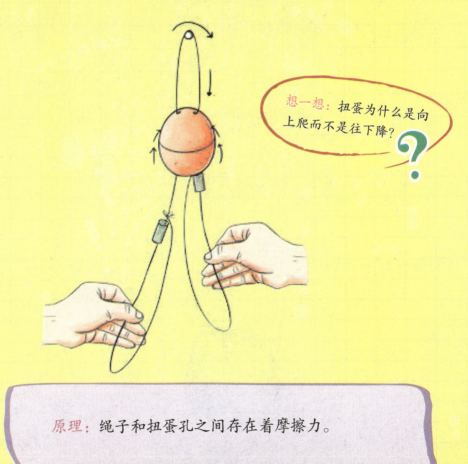

想一想：扭蛋为什么是向上爬而不是往下降？

原理：绳子和扭蛋孔之间存在着摩擦力。

掉不下来的球

你需要准备的材料:

透明果酱瓶

玻璃球

实验开始:

1. 果酱瓶倒扣罩住桌上的玻璃球。

2. 快速转动瓶子，你会发现玻璃球居然在瓶内跟着转动而没有掉下来。

3. 当停止转动时，玻璃球马上掉了出来。

想一想： 这是怎么回事?

原理： 离心力将玻璃球压到了瓶壁上，并产生要突破旋转轨道外逃的倾向。

粘粘的水

你需要准备的材料：

水

两面镜片

实验开始：

1. 把两面镜片合在一起，再分开，十分轻松。

2. 在一面镜片上滴一些水，再把两面镜片合在一起，试着分开，你会觉得十分困难。

想一想：你有什么方法能快速分开镜片？ **?**

原理： 干燥的镜子间有许多空隙，而粘了水的镜片，中间的空隙被水填满，外部的气压会把两块镜子紧紧地压在一起。

弹力球钟摆

你需要准备的材料：

六个弹力球
六根细绳
透明胶
长木棍
剪刀

实验开始：

1. 将六根细绳的一端用透明胶固定在弹力球上。

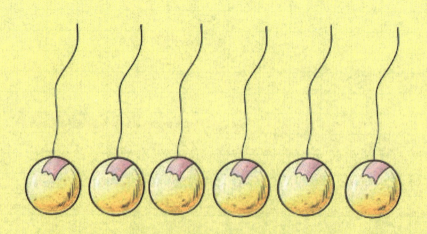

2. 再把细绳的另一端分别缠绕在木棍上，高度要一致，间距使弹力球轻轻地挨在一起，拿起第一个球，使它自由地撞击其他的球。

想一想：如果让你把弹力球换成其他物品，你会选什么？

原理：由于撞击的力量被弹力球一个一个地传递，所以形成了弹力球钟摆。

鸡蛋壳的两面性

你需要准备的材料：

鸡蛋
碗
铅笔

实验开始：

1. 将鸡蛋从中间敲碎，把蛋黄和蛋清倒入碗中。

2. 把半边鸡蛋壳的边缘磨平，倒扣在桌上。

3. 手拿铅笔位于鸡蛋壳上方，笔尖朝下，松手，铅笔自由落下，蛋壳并没有被戳坏；左手拿着鸡蛋壳，凹面朝上，右手拿铅笔位于鸡蛋壳上方，笔尖朝下，再次让铅笔自由落体，鸡蛋壳被戳碎了。

想一想：这是怎么回事呢？

原理：因为凸面能均匀地分散外来的力，而凹面却相反，所以说鸡蛋壳具有两面性。

漂浮不起来的木板

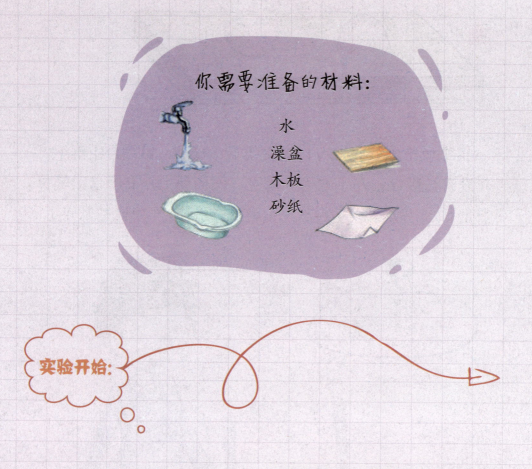

你需要准备的材料：

水
澡盆
木板
砂纸

实验开始：

1. 往澡盆里倒入三分之二的水，用砂纸将木板的一面打磨光滑。

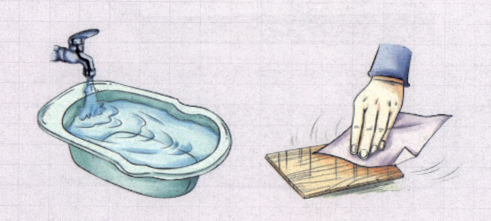

2. 将木板放入盆中，把被摩擦过的一面压入水底，过一会儿再松手，你会发现木板依旧沉在水底。

想一想：是谁压住了木板？

原理：木板被摩擦过的一面与盆底形成密合状态，中间没有水进入，木板无法受到向上的浮力。反而受到水向下的压力，所以木板一直沉在水底。

站立的铅笔

你需要准备的材料：

铅笔
铁丝
小石子

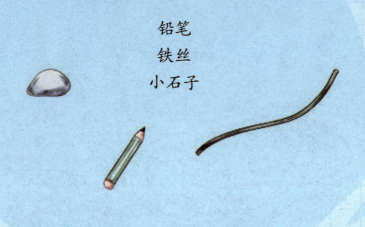

实验开始：

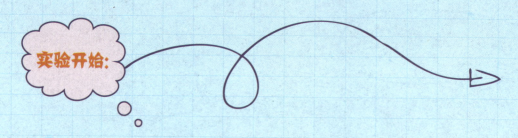

1. 将铁丝的一端缠绕在靠近铅笔芯处。

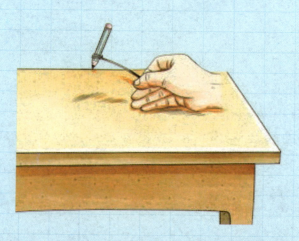

2. 在铁丝的另一端挂上小石子，使铁丝微微弯曲。

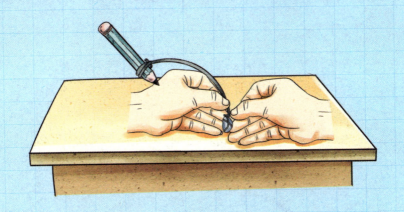

3. 将铅笔立在桌角，小石子悬空垂吊，铅笔竟然站起来了。

想一想：你还知道其他平衡力学的实验吗？

原理： 铅笔站立的原因在于它的重心低，重心越低越能保持平衡。

失重的橡皮

你需要准备的材料：

纸杯
胶带
两根橡皮筋
剪刀
两块相同大小的橡皮

实验开始：

1. 把两根橡皮筋的一端分别用胶带固定在两块橡皮上。

2. 把橡皮筋的另一端用胶带固定在纸杯内的底部，把橡皮分别挂在纸杯口外。高高举起纸杯后松手，让纸杯自由下落，另一只手赶快接住落下的纸杯，你会发现橡皮已经跑到纸杯里面去了。

想一想：是谁动了橡皮吗？

原理：纸杯静止时，挂在外面的橡皮和橡皮筋的拉力保持平衡。当纸杯下落，产生失重，降落的速度越快，橡皮筋被拉得越长，所以最后橡皮被拉到纸杯里去了。

向上滚动的物体

你需要准备的材料：

两个漏斗

胶带

两根相同长度的木棍

四本相同厚度的大字典

实验开始：

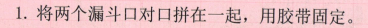

1. 将两个漏斗口对口拼在一起，用胶带固定。

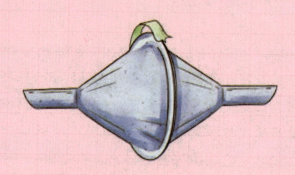

2. 把四本字典分为一边一本和一边三本平放在桌上，再把两根木棍的一端用胶带粘起来，中间留点空隙，能有一定的活动余地。

3. 将木棍搭在字典上，把漏斗放在两根木棍之间较低的一侧，两手抓住木棍另一端，慢慢将它们分别往两边移动，你会看见随着距离的加大，木棍开始向上滚动。

想一想：你能想出还有哪些器材可以替换漏斗做实验吗？

原理：表面看起来，漏斗向上运动好像违反了重力定律，其实并不是这样的。当木棍之间的距离变大时，漏斗会产生一个新的重心，为了保持稳定，漏斗会轻微地下落并且向前转动。向前的运动使漏斗看起来好像正在向上"爬"，实际上，它们正在向下滑动。

行驶的汽车

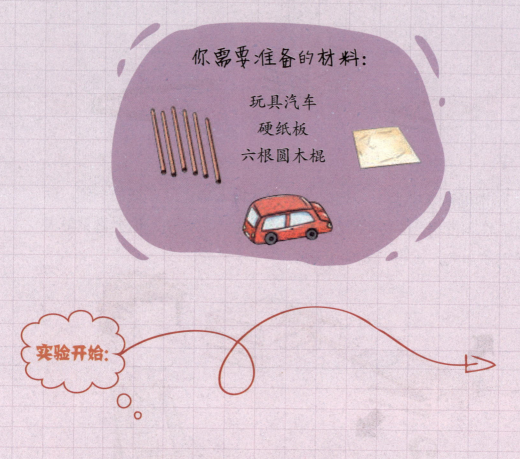

你需要准备的材料：

玩具汽车
硬纸板
六根圆木棍

实验开始：

1. 将六根圆木棍按间距3厘米依次放在桌上。

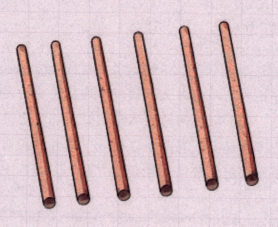

2. 把硬纸板放在木棍上面。

3. 再把汽车放在硬纸板上行驶，当车轮转动的时候，汽车没有前进，但是木板却后退了。

想一想：汽车怎么开不动了？

?

原理：汽车轮胎转动产生的摩擦力，给桌面一个向后的作用力，与此同时，桌面也产生了一个反作用力。所以你会看见汽车没有前进，木板却在后退。

实 验 记 录 表

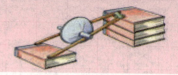

实验名称	完成情况	实验名称	完成情况
水往高处走		纸桥	
会出汗的树叶		甩干机	
水中点灯		蜡烛跷跷板	
会唱歌的水		苹果落杯	
冷热两墨水		筷子的神力	
水去哪了？		瓶子赛跑	
谁更快？		逃脱地球吸引力	
冰沉油"海"		切不断的纸	
钓"鱼"		爬升的扭蛋	
讨厌肥皂的碎纸片		掉不下来的球	
请给我一杯空气		粘粘的水	
会攀登的水		弹力球钟摆	
吹气变色		鸡蛋壳的两面性	
口渴的萝卜		漂浮不起来的木板	
水搬家		站立的铅笔	
不怕水的纸		失重的橡皮	
喝水的玻璃杯		向上滚动的物体	
铁钉防锈法		行驶的汽车	
坚固的鸡蛋壳